As flores na Janela sem ninguém...

Ronaldo Cunha Lima

As flores na Janela sem ninguém...

Uma história em verso e prosa

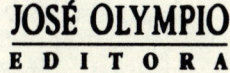
JOSÉ OLYMPIO
EDITORA

© *Ronaldo Cunha Lima, 2007*

Reservam-se os direitos desta edição à
EDITORA JOSÉ OLYMPIO LTDA.
Rua Argentina, 171 – 1º andar – São Cristóvão
20921-380 – Rio de Janeiro, RJ – República Federativa do Brasil
Tel.: (21) 2585-2060   Fax: (21) 2585-2086
Printed in Brazil / Impresso no Brasil

Atendemos pelo Reembolso Postal

ISBN 978-85-03-00967-6

Capa: HYBRIS DESIGN/ISABELLA PERROTTA

CIP-Brasil. Catalogação-na-fonte
Sindicato Nacional dos Editores de Livros, RJ.

L71f
Lima, Ronaldo Cunha, 1936-
　　　As flores na janela sem ninguém... / Ronaldo Cunha Lima; [apresentação Luciano José Nóbrega Pires]. – Rio de Janeiro: José Olympio, 2007.

　　　ISBN 978-85-03-00967-6

　　　1. Poesia brasileira. I. Título.

07-0538
CDD 869.91
CDU 821.134.3(81)-1

Sumário

Nota do autor   9
A poesia contemplada da janela   11
Epígrafes   13
Intróito   15

Era uma vez...   17

CAPÍTULO 1

Um pedaço de rua   21
Anjo azul   23
Janelas sem ninguém   25
A rua que era sua   27
Aquele seu vestido de organdi   29
Só nós dois   31
Manhã na praça   33
Tarde na praça   35
Olhar perdido   37

CAPÍTULO 2

À procura do amor   41
Como pude perder essa mulher?   43
Rua Solidão   45
Sonhos perdidos   47

Saudade e tristeza 49
A morte de meus sonhos 51
Última cena 53

CAPÍTULO 3

Onde anda você? 57
Uma história em dois tempos 59
Um montão de estrelas 61
Inverno 63
À procura do "sim" 65

CAPÍTULO FINAL

Os meus medos 69
Estou com medo de pedir perdão 71
A morte do poeta 72
Meu poeta morreu? 73
Cavalgata de sonhos 74
Queria te dizer 75
Náufrago do amor 77
Das palavras caladas nos gemidos 79
Carnaval 81
Fado 83
Prece ao tempo 85
Feito sal 87
Alma gêmea 89
Nunca uma mulher foi tão amada assim 91
Cantiga 93
Fim 95

O POETA E AS MUSAS

Eu e o poema   99
A morte de meus sonhos   101
Lembranças e saudades   102
Além dos céus de estrelas   103
A paisagem e o detalhe   104
Completamento   105
Contrastes   106
Dualidade   107
Haverei de te amar a vida inteira   108
Não era pensamento, era presença   109
O retrato   110
Pensando em você   111
Recriando auroras   112
Soneto da saudade   113
Lembranças insepultas   114
Vestido azul   115
Mais ou menos   116
Cadê as minhas cores?   117
O jogo   118
Nossa vida   119
A eternidade do instante   120
Depois da vírgula   121
Não liga, não!   122
Cuida do teu jardim!   123
Se for para ficar   124
Que seria?   125
Esse sonho meu!   126
Comuníssima ousadia   127

Nota do autor

É uma história fictícia sobre o presente e o passado, o enredo da felícia de um casal de namorados, do poeta e da ninféia que os seus versos inspirou. Simplesmente a etopéia, que um poeta decantou, da história que se passou na fértil mentalidade de quem precanta a saudade do sonho de cada dia. É fruto da fantasia, capricho da imaginação, tão-somente ficção o seu enredo e ambiência. Se houver qualquer semelhança, com pessoas e lugares, nas tramas capitulares, é mera coincidência.

Ronaldo Cunha Lima

A poesia contemplada da janela

Luciano Pires*

Quando se imaginava sentida por completo a cachoeira poética de Ronaldo Cunha Lima, eis que irrompe uma avalanche numa orquestração simbiótica em verso e prosa, antes eternizada por sua sensibilidade irrefreável à noite, à madrugada, aos amores, às dores, às alegrias e à boêmia nostálgica, em petrarquianos sonetos.

Agora, o vate faz jorrar, em prosa e verso, sensações somente possíveis de serem exaladas pelo encantamento de sua inesurpável leveza.

Lendo *As flores na janela sem ninguém...*, percebe-se que o poeta debocha do tempo, transitando entre passado e futuro em volatização anímica. Seu ficcionismo poético recompõe e constrói cenários, divisando a janela com ou sem flores, com alguém ou sem ninguém.

Concebeu, ainda, uma janela sempre aberta, um túnel iluminado por sonhos mirabolantes, conduzindo o leitor mais atento à convicção de que nenhum despertar será tormentoso.

O texto revela que se pode estar onde se quer estar. O ir e vir é ininterrupto, na mistura fascinante do ontem e do amanhã, do antes e do depois, que remete ao sempre.

---

*Luciano José Nóbrega Pires é advogado e poeta.

Ronaldo comprova que nada nunca se apaga, que energia alguma se perde, que os sentimentos se abraçam na impecável conjunção imersa em *As flores na janela sem ninguém*...

É, sem dúvida, um *déjà vu* ditado pela incontida aptidão de Ronaldo Cunha Lima, para espraiar emoções extraídas "no andor das imagens de suas miragens". O poeta Ronaldo renasce a todo instante, na capacidade de superar o que parecia suficiente pela imensidão dos versos que havia entregue à imortalidade.

Devo dizer, por fim, que este não é um livro para ser lido, mas para ser declamado. É o tipo de obra que deve ser rezada a dois, que pede recitação em voz alta como se fora seresta em tempo de festa sob a janela de alguém. Só assim a rima se revela rítmica no rito sonoro das palavras.

Em verdade estaremos sempre na janela, contemplando a vida delineada e traduzida nos sublimes contextos que Ronaldo escreve.

Epígrafes

> *Recordar não é viver.*
> *Porque recordar*
> *é viver de lembranças*
> *e viver de lembranças*
> *é morrer de saudades!*
>
> (Alcides Carneiro)

Sei que se um gênio bom me aparecesse
e tronos, glórias, ilusões floridas,
e os tesouros da Terra me oferecesse,
e as riquezas que o mar tem escondidas;

E do outro lado — a ti somente —, e o gozo
efêmero e precário — e após a morte;
e me dissesse: "Escolhe" — oh! jubiloso,
exclamara, senhor da minha sorte! —

Que tesouro na Terra há que a iguale?
Quero-a, mil vezes, de joelhos — sim!
Bendita a vida que tal preço vale,
e que merece de acabar assim!

(Gonçalves Dias)

Flores

Nem mesmo as flores continuam belas
quando enfeitam janelas sem ninguém.

Intróito

Era uma vez um poeta com todos os sonhos da juventude e a juventude de todos os sonhos. Um poeta estudante levando adiante o futuro presente, cumprindo, constante, o seu itinerário: o caminho de casa ao educandário.

Era uma vez, de uma rua, uma casa amarela e, de bruços, à janela, a beleza singela, a presença difusa de sua quimera. Era uma vez uma musa acenando uma espera.

Um dia (há sempre um dia em toda história), o poeta parou frente à casa amarela. Olhares recíprocos e sorrisos cúmplices, reciprocidade e cumplicidade transformando em eternidade a transitoriedade de um instante.

Era uma vez um amor que viveu o tempo que lhe coube e que em tempo não soube prolongá-lo ainda mais.

Era uma vez um poeta, era uma vez uma rua, era uma vez uma janela, era uma vez um compromisso, era uma vez uma capela, era uma vez um final, era uma vez tudo isso, tudo isso era uma vez!

ERA UMA VEZ...

Toda história de amor assim começa:
"Era uma vez...", em seu início tredo.
Cenário, personagens e o enredo
com muitas emoções, sonhos à beça.

Irei contar, também, uma história dessa:
Era uma vez um poeta, era um aedo
que viveu grande amor mas, em segredo,
somente em versos seu amor confessa.

Bonita história, encantador romance!
Contá-la, se eu pudesse, lance a lance,
voltaria a sofrer, chorar talvez.

Pois nessa história, "era uma vez" combina.
"Era uma vez" não começa mas termina.
Era uma vez um poeta, era uma vez.

Capítulo 1

UM PEDAÇO DE RUA

Bandeira criou Pasárgada.
Camilo, São Saruê.
Orwel recriou um mundo
tão dadivoso e profundo
que tão somente ele vê,
pois cada poeta crê
em suas inventividades
e dentro de si cultua
imaginosas verdades.
Eu não imagino cidades.
Eu me limito às saudades
de um pedacinho de rua.

Um poeta repleto de amor e esperança, em suas andanças de casa ao colégio, sonda o florilégio nas ruas exposto, à procura de um rosto no meio das flores que alcance os sensores de seu coração. Talvez uma canção, talvez um soneto, talvez um terceto num instante fizesse, saudando esse rosto. Talvez, num arrosto, parasse à sua frente e, então, de repente, acenasse-lhe um beijo! Quem sabe uns arpejos — volante assovio vencendo o vazio da rua calada, solando baladas de amor, as mais belas —, servissem de avisos, abrissem janelas, firmassem sorrisos, trouxessem donzelas ao mundo das flores?

Os seus assovios se fazem mais forte na força do vento, soando feitiços do seu pensamento. E até que dão sorte! Num dado momento uma jovem, sorrindo e abrindo a janela, debruça nas flores, sorvendo seus viços, calando suas cores. Seu rosto de musa emoldura a janela. O poeta se escusa de ir adiante e por algum instante a ela se atém. Que importa que alguém lhe veja assim posto, parado e disposto a ficar perto dela pela matinada, sem nada, mais nada, do ter de fazer?

É assim que começa do amor todo enredo. Sem juras, sem pressa, sem prova confessa, o amor, que se apreça, parece um brinquedo: faz rir, faz segredo, entretém e embevece. Se é feito de azul, no azul permanece. Às vezes se esquece do azul permanente. É brinquedo onde a gente começa a brigar: dá susto, faz medo, provoca o degredo e desperta a saudade, que acorda a vontade de logo voltar. Às vezes demora, às vezes aflora bem perto do fim, às vezes do tempo se cansa e o supera: é inverno, verão e outonal primavera. Mas quando do tempo já não mais precisa, se a vida entardece e o brinquedo envelhece, o infinito o socorre: ele finge que morre de azul desbotado, adormenta o passado e, então, se eterniza.

ANJO AZUL

O meu anjo é azul, nem sei por quê!
Eu só sei que é azul, de azul intenso
que me colore a mente quando penso...
Quem sabe, esse anjo azul seja você?

Pois volto a vê-lo, se você me vê.
Quando a vejo de azul, perco meu senso.
E quando perco o senso, eis-me propenso
a crer num anjo azul, que ninguém crê.

Meu anjo azul, você, numa aquarela
de flores multicores, na janela
de uma casa, que surge à minha frente,

seja das musas o anjo bom, aquela
que vestida de azul fica mais bela,
que, sendo sonho, seja eternamente!

Não mais que um poeta de muitas quimeras, de sonhos e esperas, levando em seus passos de pouco passado e de muitas paragens o andor das imagens de suas miragens, abrindo passagem às novas paisagens de crenças futuras. Não mais que um profeta das suas visões, não mais que emoções, não mais que um poeta sem rumo, sem meta, sem mais que fazer além do prazer dos seus sonhos diversos, além dos seus versos, além dos espaços dos braços vazios, além dos seus medos, além das suas dores, além dos amores vagais, fugidios.

Não mais que um amante do amor mais diverso que caiba num verso que seja constante. Não mais que um amigo de muitos abraços, em busca de espaços esparsos, distantes.

A passada concisa, subindo a calçada de forma apressada. A parada precisa, na hora marcada, e o olhar de procura seguindo adiante... Eis a casa, eis o instante do olhar de procura que alcança a ternura do olhar de doçura que chega à janela. Eis a beatitude que o deixa ofegante, eis o amor do estudante a florir juventude! Eis o peito exultante batendo apressado, eis o amor sem passado, de apenas futuro. Eis o sonho mais puro sorrindo à janela! Eis a linda donzela ofertando horizontes. Eis dois seres bifrontes ideando emoções, eis de dois corações a querença desperta.

Seja apenas silêncio o barulho do mundo, seja apenas respeito, um respeito profundo, o olhar infecundo daqueles que passam, que sempre devassam os momentos de amor, pois o amor, nesse instante, o querer mais amante que o amor pode ter, principia a nascer. E nasce da forma mais pura e mais bela, no olhar de reclusa do amor de uma musa postada à janela!

JANELAS SEM NINGUÉM

Retorno, à mesma rua, o meu desejo
de me encontrar comigo e estar contente.
Mas a rua mudou. Bem diferente
é a mesma rua que na noite vejo.

Já não há mais espera ao meu andejo,
já não há na janela, à minha frente,
as covinhas do rosto, a inocente
e eterna musa que em meus versos beijo.

Algumas rosas, dálias amarelas,
nas janelas abertas. Ninguém nelas.
A rua está mais triste, e eu também.

Pobres flores, no outono das janelas!
Nem mesmo as flores continuam belas
quando enfeitam janelas sem ninguém.

Eis que chega o poeta ao fronteiro discreto da casa amarela. Eis a casa e a janela, eis os braços e a blusa, eis o rosto da musa sorrindo pureza, eis a casta beleza no rosto disposto com o pálio da paz, eis a fala que o faz retardar mais um pouco o seu passo corrido, eis o azul de um vestido em florido organdi, eis a fonte que faz o poeta contente, eis do amor a semente, eis o encanto do puro, eis da casa os desvãos, eis o final do muro, eis o aceno das mãos, eis de um rosto os desvelos que o sonho eterniza, eis um toque da brisa a volver-lhe os cabelos, um sorriso fugace ao futuro acenando e o sorriso criando covinhas na face!

Poeta de angústias, paixões extremadas, de mil madrugadas em noites insontes, aos teus horizontes de tanta simpleza acolhe a pureza que a vida te invade, cultua a nereida de nova quimera que rindo te espera, de covas no rosto, postada à janela!

Ó musa que estende a um poeta o sorriso, ó musa é preciso fastar o duende que a su'alma inquieta, para que o poeta, de amor satisfeito, te eternize no peito e te prenda, de jeito, dentro do coração. Ó musa que fez de uma rua o mistério e dele o piério de um vate endeusado, ó musa por que não te acusas presente, por que, tão-somente, rever-te é passado?

A RUA QUE ERA SUA

As luzes afastando da calçada
a noite que se acosta ao meio-fio,
na rua que era sua eu sinto o frio
do medo de rever, ou não ver nada.

Nenhuma voz escuto na calada
do tempo que chuvisca no vazio
da rua, nem sequer um cão vadio
reclama a solidão da madrugada.

Paro frente ao portão, a casa à escura
temo acordar, e a diva criatura
já não lembrar quem sou, bater-me a porta!

E volto ao meu silêncio e à madrugada:
talvez, a casa esteja abandonada
ou a minha esperança esteja morta!

E o poeta, seguro, de olhar de futuro, seguiu seu destino de ser paladino do amor, vida afora, antevendo as auroras, sonhando manhãs. E o dia se foi despertando outros dias, semeando alegrias em novos sorrisos, em novos olhares, em novos acenos em novos lugares. Algum tempo depois, cochichos pequenos e encontros amenos na vida dos dois. Tece o amor novos temas, traça novos roteiros, os carinhos primeiros, primeiros poemas. A um amor tão profundo já não cabe recusa. A um poeta e sua musa, é o começo do mundo. É da vida a mais bela visão que o conforta. É uma casa, é uma porta, é o abrir da janela. É uma cena que alcança o momento mais terno. É o nascer da esperança, é o início do eterno. É o instante que invade os guardados da mente, na foto é semente gerando saudade.

> "De seu perfume, em verdade,
> eu guardo toda a fragrância:
> o seu cheiro de distância
> e o aroma da saudade."

É o querer pretendido de repente alcançado. É o andar apressado de volta ao colégio. É o amor, privilégio mais régio do amante, é o momento, é o instante em que o amor se revela. É uma deusa à janela, bem perto dali, em singelo vestido, um vestido florido em azul, de organdi.

AQUELE SEU VESTIDO DE ORGANDI

Aquele seu vestido de organdi
era azul-marinho. Não era preto.
Não sei por quê, às vezes eu cometo
esse errar da visão, aqui e ali.

Quando às minhas lembranças me remeto,
do tempo mais bonito que vivi,
é que me lembro que não era preto
aquele seu vestido de organdi.

Não sei por quê, eu me confundo tanto!
Talvez seja em razão de todo o pranto
que já chorei, do quanto já sofri.

Preto ficou o meu olhar de espanto
sem distinguir das cores o encanto
daquele seu vestido de organdi!

A casa amarela da rua lembrada, o portão, a calçada, a musa e a janela, eram pontos de encantos das idas e vindas do jovem poeta. Passado algum tempo do andar de seus passos sem pressa ou cansaço, a musa, discreta, acenou ao poeta em meio ao terraço. Que se fez o cenário do encontro primeiro. Que se fez parceiro da sua rotina e da musa divina se fez fantasia, inspirando a poesia que à musa ofertava e pra ela cantava. E bastava o bastante às cantigas do vento e bastava ao momento, ao instante bastava.

A musa adorava do encanto a poesia. E o ouvia calada e calada sorria. E sorria falando promessas de beijos, e beijava da brisa as carícias colantes, florindo os instantes de amor e desejos. E a poesia passou a uni-los bem mais. Pensamentos iguais no terraço inocente do espaço-esperança. A querença criança ao alcance das fadas, os dois, de mãos dadas, vivendo o entretempo das tardes com tempo de estar no cinema, lugar onde o amor era ator e era o tema de um sonho sem fim, quando Humphrey Bogart, numa cena imortal, beijava, contrito, o sorriso de dengo e o olhar verdolengo de Lauren Bacall.

E o cheiro suave que as mãos revelavam? E depois se guardavam fechadas, contidas, pra serem sentidas por cheiros saudosos em quedos desvãos, lembrando os ditosos instantes zelosos do encontro das mãos?

SÓ NÓS DOIS

Só nós dois, no aconchego das mãos dadas,
a pensar nos limites do impensado.
Só nós dois na penumbra, lado a lado,
vivendo o encanto de um conto de fadas.

Só nós dois, sob as luzes apagadas,
amando o instante junto ao ser amado,
sem malícias nenhuma, sem pecado,
as suas mãos em minhas mãos pousadas.

Só nós dois, sendo o amor conceito e tema,
imersos no universo alabastrino
distante dos demais, sem mais estrema.

Só nós dois no agasalho vestalino
em vespertina sala de um cinema
sonhando os sonhos do nosso destino.

Tantas cenas de amor no cinema assistidas! Tantas vidas perdidas, tanto pranto de dor, tanto olhar absorto nos dramas da tela, da vida a novela assentindo o conforto do beijo, do abraço, do enlaço dos braços buscando carinho! O passar, de mansinho, dos dedos, desvelos contendo o alvoroço de mais um carinho, correndo os cabelos, roçando o pescoço, cedendo à recusa do toque na blusa...

Após o cinema, o aconchego da praça. Do cigarro a fumaça alcançando o infinito e compondo o bonito das nuvens vagantes caindo os instantes de um céu azulado, dourado do lado do ocaso do sol. Visões tonteantes passando apressadas, pipoca, rolete, cocada, sorvete... e as mãos, de mãos dadas, trocando carícias, lembrando as primícias dos doces acenos da linda donzela postada à janela da casa amarela, nos dias amenos que não voltam mais!

A praça, que engraça o cinema defronte, se fez o horizonte de amor do poeta. De tal forma o prendeu e o cercou de tal forma, que rompendo com a norma das mesas de bar — que por lei é o lugar noturnal dos aedos e dos desenredos das dores do amor —, o poeta, um dia, resolveu ser poesia na praça deserta. Povoou-a de sonhos na tarde ensombrada, e à noite, de um nada, fez um manto de estrelas e ficou a entretê-las até a madrugada. Até que a louçã claridade do sol, luminando o arrebol vermelhado de graça, festejasse na praça os festins da manhã.

MANHÃ NA PRAÇA

Manhã de pouca luz, o sol já vindo
engraça, à praça, o verde das palmeiras,
lembrando as cores das manhãs primeiras
quando o dia, ao nascer, era mais lindo.

O banco onde sentávamos, fugindo
das andanças dos becos e ladeiras,
já não descansa mais nossas canseiras
nem resguarda o seu rosto a mim sorrindo.

Errol Flyne, Ava Gardner, onde o cortês
de um passado de amor, as entrelinhas
das cenas de nós dois, nas matinês?

E a praça, a nossa praça, continua,
mesmo distante as suas mãos das minhas,
a descansar o amor que vem da rua.

Os dias que se seguiram, ilusórios, impassíveis, pelos caminhos possíveis limitaram restrições. Quando muito, a céu aberto, com pessoas sempre perto, da forma mais natural. E quando o amor era o tema, iam juntos ao cinema, assistir à vesperal. Depois do filme, a visão de uma enorme multidão correndo de lado a lado. E o poeta apaixonado, protegendo a amada sua dos atropelos da rua, nos braços seus a abraça, levando-a assim protegida para longe da avenida, para o bulício da praça. À frente, a estátua de um líder aponta pra praça, em riste, e impavidamente assiste àquela cena de amor. A estátua, que fora feita por artista do lugar, no acabamento perfeita, parece ter sido feita podendo ouvir e falar:

> "Minha cidade querida,
> que Deus me arrebate a vida
> se eu deixar de te amar."

E o poeta repetia à amada o que ouvia nos discursos de outrora, como se naquela hora, pelo menos um poema servisse de novo tema pra ela não ir embora...

> "Uma rua pequenina,
> uma casa, uma janela,
> das musas a mais divina
> servindo de espelho nela."

Ou então a enternecia com a meiguice da mimaça da tarde dourando a praça, dos traços de algum bilhete, dos abraços, dos sorvetes saboreando cajá, baunilha, maracujá, no beijo sem mais pecado, no beijo gelado e ardente, no gelado beijo-quente, no quente beijo-gelado.

TARDE NA PRAÇA

Gelado beijo! O gosto do sorvete
maracujando o cheiro à leve brisa.
Pulsa o meu coração sob a camisa,
seu coração dispara no corpete.

A brisa vira vento em revirete
que à borboleta, sílfide, indecisa,
muda o rumo, pousando-a, precisa,
entre flores gentis de um ramalhete.

Afagos de suas mãos, sutil negaça
de seu corpo no meu, suave e terno,
concepção de paz, cheia de graça!

Recordação de instante, o mais superno,
das tardes que nos vimos nessa praça,
que eu pensei imortal, sonhei eterno.

Desde quando o roteiro perseguiste? Quando foi que essa ausência foi sentida e notaste da falta, em tua vida, do sorriso da musa que não viste? Quanto tempo, poeta, a juventude do brilho de teus olhos se perdeu, procurando nas musas o himeneu da poesia e do amor, em celsitude! Quantos mares vagaste, longe e perto, quantos sonhos sonhaste, perto e longe, quantas crenças calaste no deserto e nos guetos da vida, feito monge!

À procura do amor mandaste versos compostos no silêncio de teus gritos, em sonetos de amor os mais bonitos ressumaste desejos submersos. Foram muitas, poeta, as andanças nos ardores do sol, em tarde escura, retomando o roteiro das lembranças, renovando os caminhos da procura. Acorreram cessões, também recusas, desilusões algumas, sonhos findos, noites de brumas, chuva e sol bem-vindos, ninfas campeiras parecendo musas. Ocorreram mentiras e verdades, sucederam bondades e nequícias, resplenderam carinhos e carícias, decorreram lembranças e saudades. Mas restaram, de tudo, aos versos teus, uma rua de flores adornada, o sorriso da musa, tua amada, a inspirar o amor, um dom de Deus.

Agora que te encontras com o destino que se fez esperar no olhar da musa, usa do instante, condoreiro, usa, e louva a musa em canto columbino! Decanta, em canto, o quanto te esforçaste e a quanta espera usaste o teu momento, fala da voz que te falava o vento, diz das estrelas, canta o quanto baste a que ela saiba e entenda, de *per si*, que se além do infinito a procuraste, ela estava contigo, estava em ti.

OLHAR PERDIDO

Perdeu-se, na distância das estradas,
o meu olhar de lágrimas sentidas
e, vago, caminhou entre enseadas
de brumas e de sombras já perdidas.

Perdeu-se em meio às lágrimas vertidas
no silêncio das horas esperadas,
buscando-a entre estrelas descansadas
no torvelinho de esperanças idas.

Subiu aos montes e desceu aos mares,
procurou-a na luz, no som, nos ares,
na música, na vida, em tudo, enfim.

E agora volta, o meu olhar perdido,
pelo mesmo caminho percorrido
para achá-la, afinal, dentro de mim.

Capítulo 2

À PROCURA DO AMOR

À procura do amor, o que se encontra
é a consciência plena do vazio.
À procura do amor, o que se sente
é a intensidade estática do frio.
À procura do amor, o que se assiste
é o triste da saudade em desvario.
À procura do amor, o que se nota
é a constância do inverno em pleno estio.
À procura do amor, o que se faz
é costurar o tempo, fio a fio.
À procura do amor, o que se espera
é que o amor supere o desafio.
À procura do amor ainda insisto,
mesmo o sentindo esquivo e fugidio.

O destino é louvado no acerto divino. O destino é culpado em qualquer desatino. Ah!, poeta vagante, por que te deixaste fazer verdadeiro no aceno de instante, no adeus derradeiro da noite passada? Por que te ausentaste de forma arredia, por que te mudaste, da noite pro dia, e a vida vadia voltaste a viver? Por que tua amada não foi pensamento? Por que num momento de extrema voragem seguiste a miragem das rotas exclusas e, sem mais recusas, fizeste a romagem do autodegredo, comuns aos aedos de espaços dispersos? Por que nos teus versos versando o infinito, geraste o conflito entre o sonho presente e o desejo futuro? Poeta imaturo, cantaste romances em plagas distantes, colheste amantes de várias nuances, nos vates mais crentes do amor te firmaste... E agora o que sentes, depois que voltaste, cedendo ao contraste entre o amor e o versejo? Após o cortejo de lusas devotas, em terras remotas deixaste de ser! Por que decidiste os limites transpor? Por que teu torpor olvidando o passado? Por que teu pecado alentando o vazio? Por que, fugidio, abraçaste um momento? Em teu pensamento pensaste o por quê? Lembraste da musa? Lembraste o buquê de rosas singelas, gentis, amarelas, que a ela ofertaste, na tarde silente e envolvente da praça? Lembraste do sonho de nunca acabar? Lembraste do olhar inocente da musa? Lembraste da blusa enfeitando a janela? Contaste pra ela o traçar do destino? Partir de inopino, esgarçando o horizonte, sem nada defronte a lembrar o passado!

Quem vai o teu pranto chorar sem recusa? Quem vai, entre as flores, surgir na janela da casa amarela, da tarde ao sol posto, com covas no rosto, num dia qualquer? Quem vai te sorrir com sorrisos de musa? Quem vai, como musa, sorrir-te mulher?

COMO PUDE PERDER ESSA MULHER?

Como pude perder essa mulher?
Perguntei quando, aflito, quis revê-la.
Como foi permitido, a mim, perdê-la
ao ser omisso, sem-razão qualquer?

Perdi-a sem querer e nem sequer
encontro algum caminho para tê-la
de volta, como musa, como estrela...
Como pude perder essa mulher?

A sua voz aos meus ouvidos cala.
E assim calada, o seu silêncio fala
que me esqueceu, que agora não me quer.

Mas nunca a esquecerei e eis o castigo
que até à morte levarei comigo:
Como pude perder essa mulher?

Num repente da mente, sem pedir licença, uma rua, somente, eterniza a presença. Fez-se rua dileta e discreta da lida e se fez avenida no querer do poeta. E desfez seu roteiro de noite acordada, pra ser madrugada de templo sagrado, guardando o passado do amor verdadeiro. Num repente da mente, uma rua transversa é encontro do verso com o canto da prosa, é o lado reverso do não mais voltar. É espera e aflição, é o apresso do passo, é o medo e o segredo ditando o compasso de seu coração.

"Da rua de nosso adeus
já não distingo os compassos:
sou eu quem segue os teus passos
ou teus passos seguem os meus?"

É uma casa quieta na rua silente, é o passado presente de frente ao poeta, é cochicho de gente que à vida desperta, é uma porta entreaberta, é uma luz que se acende, é o amor que se rende, é o abrir da janela... É ela! É ela! É seu vulto no espaço! É o espaço ao alcance dos braços de abraço. É poesia, é romance. É entrega e procura, é ternura, é ternura, é o seu sonho acordado vivendo o passado que a alma cultua... É cansaço e utopia! É a rua vazia. São as sombras que calam das luzes o brilho. São as dores que falam. É um poeta andarilho de seu pensamento, das cenas passadas, das cartas marcadas jogadas ao vento... É um poeta sozinho com o seu coração, a trilhar o caminho dos astros no chão quando a noite é o cadinho em que se mistura o sofrer da procura à cruel solidão.

RUA SOLIDÃO

A noite alfombra sombra que se aflora
e, passo a passo, junto a mim cultua
degredos e segredos de uma rua
que foi festiva e é silêncio agora.

Sombra que alenta o tempo e rememora
o debruar do amor que me insinua
a rua que, em meus sonhos, continua
tendo aquela que nela já não mora.

Paramos, sombra e eu, em seu portão,
a sombra a me lembrar nosso passado
e eu para vê-la, e lhe pedir perdão.

Mas a casa é silêncio e negridão...
E sombra e eu, volvemos, lado a lado,
dos degredos da rua solidão.

Sem nada que agrade a vista, janela e porta fechadas, hoje a casa está fadada a ser um conto de fadas de um poeta saudosista. Poeta que não se cansa de procurar no infinito, além do céu dos aflitos, o sonho seu mais bonito, a mais bonita lembrança. Onde o sorriso, o carinho e o futuro na janela? Que vendaval, que procela, arrebatou-lhe a donzela vestida de azul-marinho? Onde os cabelos de seda e o seu contato macio, tateados fio a fio, a provocar arrepios no frio da tarde queda?

> "Ela desapareceu? Morreu?
> Sumiu, enfim?
> Não, não desapareceu.
> Ela apenas se escondeu
> dentro de mim."

Quem sabe, numa outra rua a musa a um outro cativa? Quem sabe, a musa ainda viva debruçada na janela em outra casa amarela, na rua que não aquela que o seu senso percorreu? Quem sabe, o sonho morreu numa rua do outro lado, do lado mais estrelado que o céu azul, lucescente, que em sua mente flutua, feito sol ou feito lua, lembrando o sorriso dela? Quem sabe medram, medonhos, na dor que o poeta chora, medos paredros, de outrora, dos perdidos de seus sonhos?

SONHOS PERDIDOS

Eu guardo na memória, emoldurada,
sensitiva e bucólica aquarela:
uma rua, uma casa, uma janela
e, nela, bela jovem debruçada.

Nos roteiros da minha caminhada,
a calçada ansiada, a passarela,
desfile dos desejos meus àquela
que seria a primeira namorada.

Meus olhos de não ver, só de lembranças,
hoje choram perdidas esperanças
e a lenta espera que chegou ao fim

numa rua sem cor, numa calçada,
numa janela triste, ao sol fechada,
na bela jovem que esqueceu de mim.

Nos guardados da memória, como dói dentro da gente a cena de antiga história que a gente vê diferente! Um sonho quando começa a ser um sonho-verdade, para ser eternidade, tem de sofrer por saudade, de saudade que não cessa? Por que é que um sonho termina, mesmo cheio de emoção, disparando o coração, só de pensar num portão na dobrada de uma esquina? Por que é que a vida separa dois destinos tão iguais? Por que não são imortais os sonhos sentimentais, quando o amor os ampara? Por que é que um sonho dourado, bem cuidado e bem sentido vira sonho do esquecido, vira sonho estremecido, se está no peito guardado?

Quando o amor acontece revestido de vontade, quando aumenta a afinidade a cada instante vivido, já não faz nenhum sentido o pensamento contrário, o sentido adversário de temer a sua sorte. E quando o amor mais profundo, indivizível, incomum, moribundo, chega à morte, quem há de chorar depois, quando o amor, que era de dois, morreu apenas por um?

Amor! Bendito momento no encontro de dois destinos, santelmos lustros divinos, azulecente advento! Ao amor vencer quem há de, se ele é chama sempre acesa na certeza ou na verdade, na saudade ou na tristeza? Ele até se multiplica, se divide ou subtrai, quando vai para quem fica e fica com quem se vai.

SAUDADE E TRISTEZA

Tristeza não se irmana com saudade.
Pode-se ter saudade, sem ser triste.
Quando falo em tristeza, o que existe
é lembrança, é desejo ou é vontade.

Saudade também traz felicidade
quando lembra algo bom que nos assiste
em momento feliz que só persiste
no desejo que seja eternidade.

Saudade de você, é uma alegria!
É voltar ao passado, àquele dia
que fiz da sua rua passarela

onde andejo as visões dessa verdade:
Eu não vivo tristeza. É só saudade
de você debruçada na janela.

Era tudo silêncio. Nem mesmo um vagido, sequer um gemido, nem mesmo o ganido de algum cão vadio acordando o vazio, a total solidão de uma rua deserta, sem vida, sem nada, da morte desperta pela madrugada. Em meio aos momentos de sombra e aflição, voltou o poeta aos desvãos da memória, à mesmíssima história da mesma calçada, do mesmo portão da casa amarela que um dia foi dela: à casa da amada.

Da rua, a mesma rua de seus passos de moço, a vida se escondia das trevas e se fechava em segredos dentro das paredes descoradas. As portas já não portavam cores em seus portais. Fechadas e tenebrosas, nem pareciam ser madeira da mesma maneira das janelas tenebrosas e fechadas, sem mais sorrisos, sem mais acenos, sem mais beleza, sem mais pureza, sem mais sentido de haver sentido junto de si o suave contorno de um corpo morno, todo carinho, casto, escondido no azul-marinho de um vestido de organdi.

Era tudo passado! Era o sonho desfeito. Era a mágoa no peito pelo amor terminado. Era o repetitivo das mesmas lembranças, era o abraço das danças, das ânsias dos passos nos instantes escassos das junções dos amantes. Era o escuro, o obscuro do mundo à sua volta. Era a raiva, a revolta, o suspiro incontido, era o andor de um vestido pranteando ilusões. Era o aporte do corte de um laço desfeito, era o medo tardonho da falta de sorte, era um nome consorte com a morte de um sonho.

A MORTE DE MEUS SONHOS

Sigo os meus sonhos e os assisto perto
das montanhas de nuvens de algodão,
enquanto eles rasteiam, rasam o chão,
rondando rua de endereço certo.

Em frente à casa, que era dela, alerto
aos meus sonhos quedarem-se ao portão.
Os novos donos eu não sei quem são,
nem sei se possa haver alguém desperto.

Os meus sonhos se calam. Do avião,
sinto que sofrem, ouço a solidão
do silêncio mortal que os consome.

— Senhor dos céus, ouvi-los me conceda,
escuta-lhes a queixa, mansa e queda,
morrem meus sonhos a chamar seu nome!

Voltastes, poeta, das tuas andanças, das aventuranças em muitas cidades, levando sonetos, deixando saudades, saudades sentindo sem saber de quem. Saudade de alguém que sentias distante no eterno do instante em que estavas a sós, após os saraus, após as tertúlias, após as hercúleas noitadas festivas, após os quinaus na prosa e no verso, após o diverso das palmas e vivas. Voltaste pra quem? Por quem te aventuras na noite reclusa, se não há mais ninguém na casa amarela e em sua janela desnuda das cores do triste das flores, não vês mais a musa? Voltaste pra quem, por quem tu voltaste? Pesaste, por certo, da vida o contraste? Por certo pensaste que a musa esperasse, silente, calada, que te perdoasse de tudo e de nada? As musas são fadas de encantos supernos. Por isso fadadas a sonhos eternos e a prantos avernos, se o sonho florente, calado e distante, vadio e vagante, for sonho vacante, de morte aparente.

Voltaste e, confusa, tua musa partiu! "Partiu para onde?" — gritastes ao vento num dado momento de extrema loucura nas ruas transuntas. Perguntas ao vento, o vento responde com a mesmas palavras que ao vento se assunta: "Partiu para onde?"

E agora, poeta, que estás lado a lado com o tempo passado e a vida presente, e agora que ausente o teu sonho se fez e agora, de vez, teu destino mudou, quem vai escutar dos teus versos o canto, ouvir o teu pranto de mesa de bar? Quem há de evitá-lo chorar de saudade? E quem é que o condena se o pranto o invade vivendo a saudade da última cena?

ÚLTIMA CENA

A paisagem quedou-se inesquecida
nos degraus de acesso ao seu terraço,
na ternura sutil de um abraço,
no sorriso, no olhar e na partida.

Sem idéia qualquer preconcebida,
ganhando a noite eu apressei o passo
saindo pela vida em descompasso
com os espaços da cena então vivida.

"Até amanhã!", mas a manhã não veio...
Ao contrário, uma noite sobreveio
envolvendo de trevas nossa vida.

Alguns dias depois, o desenleio.
E desde aquele instante, sem norteio,
a minh'alma procura uma saída.

Capítulo 3

ONDE ANDA VOCÊ?

Onde anda você, sonho soluto,
querer do meu querer calado e quedo,
onde esconde, com medo, esse segredo,
que a mim se prende enfático e involuto?

Onde está sua voz, que não escuto,
a voz de um anjo bom que já não vejo?
Por que sentido explode esse desejo
a cada instante, em mim, cada minuto?

Fecho os olhos à luz, em claro escuro,
entre sombras fugaces à procuro
mas nada encontro, além da indiferença.

Por querer quem na vida não me quer,
eis-me refém do amor de uma mulher
que pensa em tudo mas em mim não pensa!

Entre o abrir de janelas e portas sendo trancadas, o poeta e sua amada, quando a porta foi fechada, ficaram presos por ela nos limites de seus sonhos, entre o real e o abstrato, entre o exato e o inexato, em pesadelos medonhos. Pesadelos indormidos da noite que se fez dia, de um dia que não podia ser dia de fantasia fantasiando os sentidos. Sem planos prévios, latentes, sem decisões planejadas, cenas nunca imaginadas, imagens nunca aventadas, eis que surgem de repente. Eis o silêncio da rua, eis a casa adormecida, eis a vida sem ser vida, eis a dor animicida que mais e mais se acentua!

Um sonho, quando desfeito em plena crença infinita, deixa a esperança restrita ao coração que palpita as mágoas dentro do peito.

Por que é que um sonho padece os instantes de não ser? Por que é que deve morrer um sonho d'alma cativo? Por que não mantê-lo vivo, toda vida, vida afora? Por que o amor de quem fica, fica querendo ir embora?

O sonho é frágil semente a se cuidar no plantio, pois um sonho doentio maltrata a alma da gente. E quando a semente gora logo depois de plantada, vira vulto e alma penada e é pranto que a gente chora. Refúgio de contratempos nas noites de ausência inglória, por uma história em dois tempos nos tempos da mesma história.

UMA HISTÓRIA EM DOIS TEMPOS

Cada tempo viveu uma estação:
um inverno de sonhos e quimeras,
o florido das belas primaveras
e o outono com folhas pelo chão.

E em meio à tempestade, a inundação
do nosso espaço, abrindo-lhes crateras
separando, entre nós, as crenças veras
no amor e temor à solidão.

Houve fugas de rotas e caminhos,
distâncias nos afetos e carinhos
em confissão final, a mais sincera.

Nossa história, em dois tempos dividida:
uma metade em sonhos foi vivida,
outra metade é, tão somente, espera.

O acaso sequer fez caso do coração de um poeta, de seu amor, sua meta, da sua busca inquieta para alcançar o parnaso. E trouxe o fim prematuro, e trouxe do pranto a dor, a dor que dói sem pudor, a dor doída do amor ao se perder do futuro. Essa dor que dói na gente como brasa em carne viva é dor que fica cativa e mais e mais se motiva quando a saudade é presente:

> Saudade é dor que maltrata
> sem remédio que dê jeito,
> saudade é dor que não mata
> mas deixa marcas no peito.

A dor da separação não tem limites marcados quando dois apaixonados, pranteiam, desesperados, as mágoas do coração. Ela dói sem compaixão, sem remédios que dê jeito, é dor que adota o conceito de ser dor só por doer. A dor de não esquecer, de lembrar por toda vida, é uma dor tão doída que não se deixa morrer.

Ela buscou acalanto na fé, que vence o adverso. E o poeta fez-se imerso nas águas puras do verso, orvalhadas pelo pranto. A buscar, por todo canto, os encantos de revê-la, foi muito além das estrelas mais distantes do infinito, rasgando o azul com seu grito de procura e de revolta: "Atende, Deus dos aflitos! Traz o meu sonho de volta! E permita convencê-las — as estrelas que são Tuas — a colhê-las pelas ruas. Dá-me um montão de estrelas!"

UM MONTÃO DE ESTRELAS

Se eu conseguisse em minhas mãos colhê-las
em uma noite sem lua, descampada,
eu comporia para minha amada
versos diversos de um montão de estrelas.

Das estrelas colhidas, a entretê-las,
a minha voz contrita e apaixonada
seria de silêncio à madrugada,
velando as luzes para não perdê-las.

Enquanto ao sonho meu ainda coubesse
ser guardião de estrelas e eu pudesse
desse montão de estrelas ser poesia.

Eu não me importaria se surgisse
a luz do sol pois se o amor pedisse
havia estrelas para todo dia.

Guardando fidelidade aos sentimentos sentidos, da trilha comum perdidos, separados, desunidos, chegou a vez da saudade!

> Teu nome agora é saudade
> que faço viva em meu grito
> que grito na imensidade,
> rasgando o azul do infinito.

Na vida de cada um, no nascer de cada dia, numa janela vazia, em cada nova agonia, a saudade era comum. Dentro do poeta ficaram lembranças insepultas e dentro da jovem ficaram sonhos escondidos que ainda vivos restaram. Ambos rumaram para o insondável do absurdo, para o impenetrável dos abstratos e para a abstração das horas sem tempo. O poeta fixou suas lembranças em um vestido de organdi. A musa fez-se recusa, resguardando as emoções, recompondo, em orações, a sua alma confusa. Fez-se distância secreta, fez-se lembrança de rua que ainda hoje flutua nas ilusões de um poeta que da vida vive o averno da solidão do vazio, que amargura, em pleno estio, o escuro frio do inverno. Um frio que a alma queima e que teima em ser presente. Frio, assim, somente sente um poeta apaixonado que do dia esconde a mágoa para tê-la noturnal, um frio intenso, hibernal, do presente e do passado.

INVERNO

Há em meu peito um festival de inverno,
enublando o caminho solidão,
trilhas frias gelando a vastidão
do instante arfante de um querer eterno.

Há o pensamento de um momento terno
de puras preces, de pedir perdão,
de me sentir mais só na imensidão
de meu passado, onde cansado hiberno.

Há miragem na imagem que flutua
nos sonhos de meus sonhos de uma rua
cantada e decantada, de alma aberta,

da diva criatura que acentua
o espaço de um terraço e perpetua
lembranças suas na rua deserta.

O que fazer de um sonho que não finda? Onde guardar do sonho, que jamais termina, uma linda história de amor? Como saber ao sonho, que em viver persiste, que embora bem distante do que o deixa triste, é o sonho que a um poeta assiste e que por ele existe?

Tempo, ó tempo, não te apressa! Não conta depressa as contas do futuro! Há um poeta morituro nos sonhos que acalenta. Dá forma mais lenta ao correr da ampulheta e esquece as vendetas de amor no passado! Se embalas as rondas fatais dos ponteiros e as horas disparas em golpes certeiros, reduzes o espaço que resta e que basta a um poeta que os passos tropeços arrasta buscando o confronto, de há muito aguardado: presente e passado, passado e presente, o amor, frente à frente, o instante marcado para o reencontro.

Será que é possível sonhar novamente? Será que dos sonhos contidos na mente, um sonho, somente, não tenha guarida? Se aos sonhos dão vida o querer dos amantes, por que sonhos dantes não podem viver? Por que não tentar, se sonhar é preciso, reviver um sorriso sorrindo ao sol posto, as luzes tardinhas sombrando as covinhas nos cantos do rosto? Por que do desgosto não nasce um sorriso? Por que o indeciso do passo adiante? Por que de um errante poeta das musas, algumas recusas não podem ser "sim"? Por que não ser início o resquício do fim?

À PROCURA DO "SIM"

Final do nosso amor... não acredito
nem admito o rito intolerante
dos amantes do fim, sempre adstrito
às visões seculares de um instante.

Se o passado nos faz lembrar do mito
do amor eterno, terno e deslumbrante,
jamais o instante há de fazer finito
o amor bendito e bem-aventurante.

Por isso é que na vida eu te procuro
para pedir, contrito, o teu perdão
e te falar do amor que vive em mim.

E nessa busca, amor, que me aventuro,
embora tema que me digas não,
procuro o dia em que me digas "sim".

Capítulo final

OS MEUS MEDOS

Um dia hás de me ver, alguém me disse
sem mais delongas, a levar conforto
a quem no amor já se julgava morto
e que temia nunca mais te visse.

Muito tempo passou sem que eu me abrisse
às saudades que sinto, ao desconforto
da ausência de te ver, mesmo absorto
na espera que pensei jamais surgisse.

A minha timidez, a antiga ânsia,
os medos advindos da infância
farão tremer-me as mãos, estou bem certo.

Mas aos medos não dês tanta importância
costumado à lonjura da distância,
hei de tremer ao te sentir por perto.

Um poeta introvertido, absorto, concentrado nas distâncias do passado, no passado abstraído, preso às cores de um vestido e à lembrança, que o flagela, da sua musa à janela — um hino de amor perdido —, em monólogo pungente diz à saudade o que sente e o quanto que há sofrido:

"— Por que me feres, então, no amor que guardo comigo! Por que te fazes castigo dentro de meu coração, carcomendo-me a razão e a lucidez que me resta? Paixão, assim como esta, por que deixaste nascer, se ela não soube crescer além do tempo marcado, para fazer do passado a dor que fere e não mata, que me magoa e maltrata mas não me deixa morrer? Dá-me amor, o amor que tive da minha musa dileta! Tem compaixão de um poeta que por amor ainda vive! Que delira e que convive com a crueldade do horto, um poeta vivo-morto entre sonhos moribundos, entre versos infecundos aos semens das ilusões, um poeta das canções falando de amor somente e que, agora, é solidão na noite farta de frio a soluçar no vazio seu pedido de perdão".

Reluz, à vasa abjeta — restos de chuva na rua — a luz difusa da lua que na lama se projeta. Chora silente um poeta na noite gelificante, pranteando o amor distante na mais louca abstração. Desditoso desatino de quem sente a sensação da negaça e da recusa do recontro do destino de um poeta e sua musa, mesmo de forma abstrusa, de nervosia confusa, para lhe pedir perdão!

ESTOU COM MEDO DE PEDIR PERDÃO

Eis o resumo dos pecados meus,
mas não sei se é tardia a confissão:
faltou coragem de dizer adeus
e estou com medo de pedir perdão.

Parti, e me perdi dos passos seus,
e hoje os meus passos passam em seu portão
buscando o seu perdão e orando a Deus
o fim da dor por tanta ingratidão.

Minha máxima culpa! E em minha culpa
eu retorno, na noite de desculpa,
à rua da saudade. O coração

dispara em frente à casa que era sua
e mesmo que deserta e escura a rua,
estou com medo de pedir perdão.

O poeta se fez silêncio absoluto. Nem mais um minuto, nem mais um segundo, não mais de seu mundo as visões do querer. Somente um poeta de um sonho a morrer, sem nunca entender o insistir da recusa. Não mais de sua musa a visão do parnaso. Somente o ocaso do verso o maltrata.

A MORTE DO POETA

Um poeta morreu de madrugada...
E a vida, concebendo a sua ausência,
fez do silêncio o túmulo do nada
e fez do nada um rogo de clemência.

Um poeta morreu. Abandonada,
a musa acusa à intrusa morte a urgência
com que desfez a mente apaixonada
do cantor que do amor era a existência.

Um poeta morreu e no seu rosto
nem uma marca de dor ou de desgosto,
de uma vida infeliz, na morte calma.

Uma autópsia do ser sentimental
determinou o que lhe foi fatal:
um malfadado amor matou-lhe a alma.

Um poeta se mata se nada o inspira. Se não mais delira nas rimas cadentes, nas linhas ardentes, flamantes, frementes, às musas louvadas. Sem mais madrugadas às divagações, sem mais emoções aguçando o sentido, sem mais um vestido em azul, de organdi.

MEU POETA MORREU?

Cadê o poeta que existia em mim?
Esvaneceu-se de meu coração.
Nunca o deixei, nem me deixou assim
nos instantes de minha solidão.

Será que ele morreu? Qual a razão
de meu poeta ter chegado ao fim?
Terá sido por dó, pena de mim,
da minha mágoa ou minha depressão?

Sem meu poeta, eu sou pela metade.
Já não canto o amor, nem a saudade,
coisas da vida e nada mais, enfim.

Ressuscita o poeta, ó Deus, agora!
Para dizer porque minh'alma chora
cadê o poeta que existia em mim?

O sonho é o universo interior de um poeta outonal, suaviloqüente, onde vagam da vida, num repente, das imagens o som, o cheiro e a cor. Nesse universo o sonho, em cavalgada, vai juntando detalhes das ausências e quando ajunta essas reminiscências, renasce o vulto da mulher.

Sonha, poeta, e desse sonho veste a musa que algum dia concebeste, a musa da janela, que perdeste, o ideário do amor que não tiveste.

CAVALGATA DE SONHOS

Cavalgo de meus sonhos o tropel
em meu corcel alado, cor de prata,
num vôo d'além nuvens e autocrata,
entre balões e pipas de papel.

A quantas tropelias meu corcel
conseguirá transpor na cavalgada,
se os meus sonhos deslocam-se em volata,
turbilhonando como um carrossel?

Tento alcançá-los, entre as nuvens pandas,
mas me fogem dos braços, em bolandas,
distando-se de mim quando os abordo.

E o meu corcel alado, em voltas brandas,
aterrissa meus sonhos nas cirandas
da vida que me espera, enquanto acordo.

Pobre poeta perdido entre o passado e o presente! Pobre poeta que sente ter sido ausente e esquecido! Que perde o senso e o sentido; que sente o tempo indo embora deixando a dor que o devora e o tanto que há sofrido! Ninguém lhe escuta o gemido, ninguém seu pranto deplora, mas ele o nada ignora vivendo do amor vivido. Mesmo lhe sendo adverso esse universo prescrito, mesmo que seja finito o verso escrito e disperso, o poeta inda deplora não mais ter sido expedito, a falha de não ter dito o que dizer quer agora:

QUERIA TE DIZER

Queria te dizer, agora, tudo
o que penso, o que espero, o que desejo.
Mas ao te ver chegar, eis que me vejo
imprevidente, passional... e mudo.

Queria tanto te dizer! Contudo,
pesa-me a pecha do pudor, do pejo.
Tento e temo, trem e pestanejo,
perco da voz o senso, o conteúdo.

Ouso querer dizer (quanta ousadia!)
mas temo te perder, que a fantasia
que me anima, reclame e vá-se embora.

Ah! Querer te dizer (como eu queria!)
o que não sei se vou dizer, um dia,
o que dizer desejo e temo agora!

As flores na janela sem ninguém...

Para todos os mortais, um sonho nasce e termina e, ao terminar, contamina os outros sonhos iguais. E se pensa em nunca mais, em jamais sonhar de novo, descrê de sonho renovo que de outro sonho germina, pois o sonho que termina é um sonho a mais que fenece. A memória logo o esquece e volta ao sonho seqüente, plantando nova semente no ventre da eternidade. Um novo sonho, em verdade, é um sonho a mais, simplesmente.

No poeta é diferente a morte ingente de um sonho. É um pesadelo medonho, é como morte aparente: a gente olha e não vê, se a gente vê logo cala e o silêncio se propala na fala que vem da gente.

Quem há de socorrer a um sonho agonizante? Qual musa empresta o instante a um presente que é passado? Mesmo puro, virtuoso, inocente, virginal, o amor, mistério gozoso, é presa fácil do mal; dos aguilhões do ciúme, das intrigas, do destom, de uma mancha de batom ou do cheiro de um perfume. Às vezes o amor fenece quando aparece outro amor, quando ele perde o candor e do primo amor se esquece. Troponômico, mutante, circundando novas divas, cismando esperanças vivas nos sonhos bons dos instantes, o amor navega a jusante buscando o encontro das águas e às vezes naufraga em mágoas, nas fráguas vis das vazantes, consumido nas procelas por ventos valdos, errantes. Soçobra o amor, e o poeta, de seus sonhos timoneiro, naufraga, à vaga inquieta, o enlevo do amor primeiro.

NÁUFRAGO DO AMOR

Venho das tempestades, das tormentas
dos meus sonhos sem bússola e sem rumo,
no naufrágio do amor eu me consumo,
batendo-me entre as ondas violentas.

Tento vencê-las em braçadas lentas,
à espera de socorro me resumo,
no vai-e-vem das ondas perco o prumo
entre espumas serosas, pardacentas.

Resisto aos imprevistos da procela
e em terra firme vejo alguém, é ela!
Suas mãos me acenando em frente ao cais.

Porém, bem perto de chegar à praia,
o meu corpo se esvai, se cansa, esmaia,
tento nadar e não consigo mais!

Um poeta não pode viver sem quimera, sem o sonho da espera e a ilusão do querer. Principia a morrer se tender à afrasia, se calar a poesia ante o incognoscível. Se ao poeta é possível paixão cineral reviver, afinal ao poeta é credível conceber como crível o passado presente. Bastaria, somente, que de alguma ilusão figurasse a visão de uma rua singela, de uma musa à janela fronteira da casa distante, silente, que o tempo desasa e faz assurgente nos sonhos da mente e do seu coração. Bastaria, ao descaso do caso, um acaso. Bastaria o retraso do tempo marcado, bastaria o passado no acaso presente.

> "Sou mais um fruto do acaso
> do que das minhas vontades."

E somente o acaso, o acaso somente, muito tempo depois os deixou frente a frente, cara a cara os dois, no agito da rua, em meio à garua de uma tarde de maio. Um olhar de soslaio sabendo a passado, o passar apressado dos passos dos dois, o recuo e, depois, o trocar de calçada.

Sua musa e amada em nada mudara! A visão que sonhara e que nunca elidira era a mesma que vira passar num repente e sumir sutilmente do olhar de procura. Ó fugaz criatura, por que não paraste? Por que não ficaste ao alcance do amor, calando essa dor que um poeta atormenta e su'alma acorrenta aos grilhões do passado? Por que não foi dado ao poeta o presente de ouvir, simplesmente, sua voz e falar? Por que não parar, tanto tempo depois, e contar, para os dois, cada história de um? Seria incomum? Seriam perdidos os instantes de agora? Temeste os sentidos, perdidos ou não, ou temeste os gemidos de teu coração?

DAS PALAVRAS CALADAS NOS GEMIDOS

As palavras caladas nos gemidos,
reféns de meus segredos, sensitivas,
romperam meu silêncio e, fugitivas,
procuraram refúgio em seus ouvidos.

E contaram da dor de meus sentidos,
e falaram das crenças, as mais vivas,
e nas desesperanças aflitivas
dos instantes de amor por nós vividos.

De nada adiantou a angústia louca
de prender minha voz, calar minha boca
aos desejos e apelos comovidos.

O meu olhar de espanto, em canto mudo,
olhando os olhos seus disseram tudo
das palavras caladas nos gemidos.

Esse encontro fugidio ao poeta obsedou. Refém das sombras ficou e em contínuo desvario, em concentração confusa, via os traços de sua musa e, sem nenhuma cautela, proferia o nome dela, vez em quando, a uma estranha. A obsessão foi tamanha, que o seu nome murmurava toda vez que deparava com uma mulher na janela!

Poeta surrealista, idealista profundo, meditativo de um mundo de amor a perder de vista, por que o amor te contrista, por que o amor te entristece? Por que não se desvanece esse teu sonho abstido, por quem tanto tens sofrido e que tanto te flagela? Esquece um pouco a janela, olvida as covas de um rosto, do amor esquece o desgosto e da saudade a procela! Deixa o passado de fora, ir embora o que passou, faz de conta que o levou o vento que sopra agora! Agora, poeta, é hora de vida nova, afinal, vem chegando o carnaval: canta, dança, comemora! Sê festejos de uma rua no festim de cada esquina e, nos bares do caminho que a saudade perpetua, bebe o amor, mesmo sozinho, cultua a felicidade, bebe a taça da saudade que o teu riso contamina!

Mas depois do carnaval, quando cai a fantasia, sem mais nenhuma alegria para um poeta outonal nos sonhos de primavera, lá se vai outra quimera, parcos sorrisos de instantes, passos tropos, tremulantes, nos rastros d'alguma hetera. Cai a máscara do hilário, falseiam as faces ranzinzas, volta o poeta ao cenário de seu fadário de cinzas.

CARNAVAL

Alguém chora, sozinho, um choro igual
ao pranto que chorei em noite infesta
vazia de esperança, igual a esta,
quando termina mais um carnaval.

Alguém que chora o fim, por mais banal,
apega-se à esperança que inda resta,
e à crença de que, um dia, volte a festa
dos abraços e beijos, tal e qual.

O carnaval termina. Na avenida,
deusas pagãs, volúveis e coquetes,
lançam beijos do amor de despedida.

Passou meu carnaval. Não há vedetes
no carnaval do amor da minha vida,
sem beijos, serpentinas e confetes.

E persistiu a tristeza a cada novo momento. Nos bares, nalguma mesa, cantigas soltas ao vento e o pensamento erradio amargurando feridas pelas lágrimas caídas em cada copo entornado, tardio como o passado que insiste em não ser presente:

> Cada qual contou a sua história,
> o seu drama de amor, paixão inglória,
> do escrúpulo vencendo o desafio.
> Restou na mesa, agora sem toalha,
> a lágrima que, em gotas, se agasalha
> em cada copo que ficou vazio.

Poeta!, por que não cantas versos alegres, risonhos, recriando nos teus sonhos novos sonhos que acalantas? De alguma Déia o conjuro, nascituro da esperança, pode trazer da lembrança teu passado, no futuro! Esquece a tua tristeza, esquece a mesa de bar, esquece a rua e o lugar, fautores de teu lamento. Sê como as vozes do vento, uivantes na noite escura, ciciantes na brandura da brisa na madrugada, ronronantes, amainadas, por entre flores ditosas, nos entrelaços das rosas, ou mesmo roucas e rudes no marulhar da tormenta, ou soando aragem lenta na placidez dos açudes.

Lembra a visão que reviste um dia desses na rua! Recorda a miragem sua ressurgindo do passado! Volta a sorrir novamente, a amar e ser amado, deixa a tristeza somente pra quem chora e canta fado!

FADO

Eu canto o pranto que me vem do peito.
Eu canto o riso que minh'alma chora.
É por isso que eu canto a toda hora
e a toda hora choro ao meu respeito.

Eu canto as mágoas de um amor desfeito,
que a despeito de estar distante agora,
de meu presente nunca foi embora
e esquecer de lembrar não tem mais jeito.

Angustiam-me a vida meus problemas,
tortura-me o tormento das algemas
que me prendem às lembranças do passado.

Por isso eu canto triste os meus poemas.
E entre o triste mais triste de seus temas,
sou o canto mais triste. Eu canto fado.

Guardando a doce visão que vira, dias atrás, o poeta nunca mais deixou a rua de mão. Vez em quando ele voltava a repetir o roteiro, e a cada rosto que olhava, pedindo, às vezes, escusa, clamava o nome da musa, invocava o amor primeiro. Crente e crédulo seguia em sua busca incessante, procurando a todo instante a musa que em sonhos via colorindo de alegria a praça, à luz do sol posto, sorrindo e surtindo a graça das duas covas no rosto. E o poeta, enquanto andava pela rua da procura, factual, meditabundo, sondando a senda futura, perscrutando o acerbo mundo, sobre a vida meditava:

— Um dia (quem sabe agora?), nessas andanças que faço, volte a vê-la e, sem demora, recebê-la num abraço. Um abraço de amizade, dando tempo a um tempo novo, um tempo sem mais saudade, sem mais rechaços e estorvo. Um tempo que se eternize pela vida de nós dois, que seja ontem e depois, sem erros meus, sem deslize. Um tempo que nos desponte sem pressa, com mais demoras, que tarde o contar das horas e as horas mortas não conte. Um tempo que nos permita viver bem mais que vivemos, que não cause contradita à crença do amor que cremos. Um tempo lento e mais lasso que os relassos passos meus, um tempo dado por Deus para atempar nossa história, para guardar na memória como o mais puro e mais casto de todo esse tempo vasto que pela vida vastei, o tempo bom que sonhei e que almejo a mim defronte nas amplidões do horizonte do nosso querer futuro. Esse tempo, que eu auguro retarde as contas que conte e cada instante que aponte, apronte com mais demora o passar de cada hora, cada minuto e segundo, que o tempo nos dê um mundo mais lento para viver.

PRECE AO TEMPO

Ó tempo, que me contas dessas ruas
marcadas das andanças de meu passo,
por que te fazes diminuto e escasso
em meus espaços, nas contagens tuas?

Estende-me teus sóis, dá-me mais luas
bastante pra remir o meu fracasso
nos caminhos do amor, dá-me o parnasso,
linimento das dores que acentuas!

Ó tempo, que se fez entardecente,
recria, pelas ruas, a janela
onde eu possa encontrá-la novamente.

Sê passado presente, onde eu e ela
possamos reviver o amor da gente,
dá-nos a vida, enquanto a vida é bela!

Poeta, que já descrias das andanças indormidas, das ruas desiludidas de teus passos de procura: evoé!, grita à ventura da visão que vês agora! Notaste, poeta, o brilho do céu azul, fascinante, que sorriu, há pouco instante, no azul dos olhos da musa? Nem esperavas que ela, a musa que foi recusa, que te acenou da janela, a mando de alguma nume, por uma estreita ruela de passos de pouca gente, usando o mesmo perfume, ficasse a ti face a face e te encarasse de frente!

Nunca te vi tão contente, poeta de sofrer tanto! De repente o desencanto sumiu da face do mundo! Do tempo cada segundo que não fugisse cuidaste! E ouviste mais que falaste, bem mais que falaste, ouviste! Depois foi que me contaste desse encontro o que restou: que choraste e ela chorou, que suplicaste perdão, e que ela te perdoou segurando a tua mão; que os teus versos recitaste com todas as preces d'alma e que ela ouvia com a calma que à deidade os deuses dão; que os seus olhos de perdão falaram, também, de amor; que nem ouviram o rumor da vida rondando a rua; que somente a imagem sua na vida, em volta, existia; que a musa o teu verso ouvia com o mesmo prazer e gosto, com as mesmas covas no rosto, com a mesma boca sorriso e o mesmo olhar matinal; que a cada verso composto das fímbrias do coração, ela de emoção chorava; e que tu, também, choravas ao saber da musa o pranto a percorrer o seu rosto, chegando da boca ao canto, sentindo o gosto de sal!

FEITO SAL

A solidão magoa e contamina
a rua onde um poeta penitente
alente espera, e a espera, simplesmente,
não mais atempa o tempo, que termina.

Amou demais. Amar foi sua sina.
Foi desvelo total do amor ausente
que do passado surge, de repente,
à sua frente, qual visão divina.

A lhe envolver nos braços de acalanto
e ouvi-lhe os versos, onde o amor é tanto
e a saudade de ver e ouvir é tal,

que à musa, incontinente, ascende o pranto
a deslizar do rosto pelo canto,
até chegar à boca, feito sal.

Os olhares de carícia recitaram, mutuamente, os prelúdios e primícias de um amor tão bem guardado, que mesmo sendo passado palpitava adolescente. Pareciam que jamais um do outro se afastara. O reencontro bastara para uni-los inda mais.

Como pode um grande amor, tão completo e tão profundo, nem sequer por um segundo, de negaças ser fautor? Esse amor que ri e chora no rosto de dois amantes, é o mesmo amor que, outrora, bem antes de ser saudade, era só felicidade nos instintos dos instantes! Não pode, nunca, ter fim um amor quando é verdade. Faz parte da eternidade um amor tão grande assim. Os pensamentos se unem, as mãos se prendem prestantes, mesmo quando estão distantes, mesmo quando se desunem. Os desejos e vontades comungam do mesmo intento, e a todo instante e momento o sofrimento sentido entre os dois é dividido com tamanha perfeição, que parecem potestades os dois amantes ungidos, pelos céus a serem unidos pelo mesmo coração.

Que cante a felicidade na veleidade do vento! Que a brisa aleste esse alento, apaziguando a saudade que hoje vaga a vaidade de ser saudade presente. Que hoje seja, tão-somente, o encontro d'almas iguais, e o futuro o nunca mais dos desencontros e dores. Que seja apenas de flores a procura doravante. E fiel seja o amante, e a sua musa, a deidade, seja só fidelidade na vida de cada instante. De corpo e alma se unem, a sua musa e o poeta, para que seja completa essa unidade dos dois: seus corações se reúnem, suas almas se confundem e se eternizam depois.

ALMA GÊMEA

Se algum dia, no tempo entardecido
das horas de uma noite a mais, a sós,
ouvires sons de amor da minha voz,
a minha voz falando ao teu ouvido;

Se puderes sentir, sem mais sentido,
o desejo incontido que arde em nós,
feito fúria do vento mais veloz,
feito brisa do dia amanhecido;

É que um dia, qualquer, perdi a calma,
e saí, como louco, à tua procura,
até que me encontrei dentro de ti.

E agora a minha alma é tua alma,
pois já faz tempo, amor, que em noite escura,
fugi do mundo e me escondi aqui!

E cada um, ao seu jeito, contou sua própria história, resguardada na memória, no relicário do peito. E o momento foi perfeito para o preito do perdão, mutual, sem condição, entre a inocente e o pecante. E a vida se fez instante de tempo de amor e paz, ao amor sendo capaz de ser dócil e submisso, de acolher o compromisso de vivência renovada, do recomeço do nada, nada além do amor guardado, resguardado do presente, vivo, desperto e latente nas lembranças do passado.

"— Bendito seja o instante em que a vida refloriu, e que o tempo leve adiante o instante que nos uniu. Que o amor seja presente, imutável e desmedido, e seja sempre o sentido da existência da gente." — Foram as palavras primeiras da diva musa ao poeta. A confissão mais completa, mais sentida e verdadeira que o poeta conheceu!

Ó Deus do amor, do perdão, que trataste com clemência um poeta em penitência penumbrando a solidão, graças à clemência Tua, eis um poeta e sua musa, no entardecido da rua, sem mais negaça e recusa, somente amor e paixão! Nunca o amor pressentido na vida de dois amantes, foi com tanto amor vivido, nunca foi vivido dantes! O amor princípio-sem-fim dista de um amor qualquer. Raramente uma mulher pode ter um amor assim. É um amor amasio, arredio e onipresente, consciente e inconsciente, quente, ardente, calmo e frio. É prematuro e tardio, tresvario e lucidez, desvairança e sensatez, invernada em pleno estio. É presença permanente na distância mais longeva, pois à distância ele eleva o amor que leva da gente.

NUNCA UMA MULHER FOI TÃO AMADA ASSIM

Nunca uma mulher foi tão amada assim.
Nunca uma mulher assim foi tão amada
por um homem, como tu foste por mim.
Nunca, assim, uma mulher foi tão amada.

Nunca uma paixão foi decantada assim.
Nunca uma paixão assim foi decantada
por um homem, como essa foi por mim.
Nunca, assim, uma paixão foi decantada.

Nunca o amor se fez tão transcendente
e a paixão se transfez, tão de repente,
na querença do amor que não tem fim.

Se auscultares, amor, teu coração,
bem certo encontrarás essa oração:
"Nunca uma mulher foi tão amada assim"!

Marcaram novos encontros e novas crenças firmaram, e os encontros celebraram na imensa paz dos amantes; nos instantes inocentes do amor mais puro e profundo, que soem bem mais presentes quando acontece no mundo o encontro d'almas afins; quando, em canto, os querubins proclamam, pelas alturas, o querer das criaturas abençoadas por Deus. Dramaturgos, etopeus, crentes crédulos, ateus, quem poderá, sobre o amor, dar a última palavra? Falar do riso e da dor, do desespero que lavra, aflitivo e torturante, como incêndio sufocante, no coração de quem ama e em desespero reclama do tempo de tanta espera? Quem resiste e quem supera a perda do amor primeiro, o quimérico roteiro do sonho de eternidade de um poeta condoreiro?

E agora — depois do apronto do acaso, na tarde queda de uma discreta alameda — consumando o reencontro, quando o poeta passeia seus sonhos de liberdade na liberdade das ruas, e as sombras são sempre duas e os passos são sempre iguais; agora que não há mais espaços para a tortura; agora, quando a procura, fez-se encontro sempiterno, quando o friorento inverno não causa frio nenhum, pois a vida só de um vive uma vida de dois; agora, quando o depois é o hoje que se repete e o eterno se promete muito além da infinidade; agora, quando a saudade é das horas que se vão e o medo da solidão é remedo do passado; agora, que, lado a lado, o poeta e sua musa, o tempo não lhes refusa ser tempo com tempo mais, é tempo de amor e paz, e da crença no eviterno do amor que se acedeu com propostas do infinito. E sendo o amor mais bonito, o mais bonito e mais terno dos amores deste mundo, só muito tempo depois, por ser perene e profundo, faz-se uno e infinitivo, condolente e compassivo, pois a lembrança o instiga a ser amor permanente, a ser guardado na mente como oferente cantiga.

CANTIGA

Uma história de amor começa quando
a gente volta ao tempo de criança,
brinca de sonhos, pinta de esperança
o tempo que nem sente estar passando.

A gente segue o sonho, vai sonhando
e o sonho vai guardando na lembrança,
das mudanças de cor cada nuança,
cada instante de rir, de estar chorando.

Uma história de amor a gente alenta
pra ser eterna — e como a gente tenta
que as histórias de amor não tenham fim!

Mas, de repente, a rusga, alguma briga,
a história finda e fica essa cantiga:
Era uma vez... Um dia... Foi assim....

Um amor também começa no entardecer da saudade, quando esse amor de verdade, em ser verdade se apressa. Quando uma antiga promessa, começa a tomar intento, até que em dado momento um ao outro se confessa. Acusações são trocadas, desculpas são concedidas, as culpas são divididas e as más lembranças riscadas. Então o amor que era opresso no querer de dois amantes, chega mais forte que dantes no instante do recomeço. A partir de um endereço, da rua, de uma janela, a fixação se atrela à vida e lhe traz empeços. Esses empeços, no entanto, são passíveis de recusa. Basta um aceno da musa, do poeta basta um canto. Não há medidas nem preços, nem distâncias nem larguras, quando duas criaturas resguardam os mesmos apreços.

E quando o amor se renova, no tempo há muito perdido, das provas que o amor tem tido será esta a maior prova. Foram anos de tormento, a cada instante e segundo, tormento que fez do mundo um mundo de desalento. Mas vivendo de lembranças, creram em sua eternidade, pois a quem ama quem há de sufocar-lhe as esperanças?

Agora em que tudo é paz, da paz que jamais se vira, que a musa o poeta inspira e à musa ele versos faz, volta a rua a ser passeio, volta a praça a ser descanso, volta o lago ao seu remanso, volta a tarde a ser recreio. Voltam as aves cantantes aos trinados e gorjeios, voltam os jovens aos recreios, voltam livros às estantes. Volve a musa à estesia, a provocar sentimentos, volta o poeta aos momentos de ser amor e poesia. Volta a vida a ser depois do adeus, no sonho comum de dois amores em um, e em cada um sendo dois.

FIM

Ah! poeta que a tormenta
tanto tempo atormentou,
sua história aqui ficou,
meio turbada e confusa,
meio sonho, meio musa,
meio verdade completa!

O poeta e suas musas

EU E O POEMA

Nascemos embriões do mesmo feto,
seguimos juntos pela vida inteira
juntos amamos, desde a vez primeira,
com a mesmíssima paz e o mesmo afeto.

Unimo-nos, do tempo no trajeto,
sem nos vermos na forma verdadeira:
ele sempre criança prisioneira
do meu eu, desenvolvo por completo.

Ainda hoje, tendo o amor por tema,
cantamos juntos a paixão suprema,
versejamos da dor o apogeu.

E seguimos da vida esse dilema
de um ser real e o outro ser poema,
sem saber se o poema é ele ou eu.

As musas são frágeis imagens difusas. São sonhos, miragens, aragens matinais, são ninfas campeiras, ordeiras meninas, motivos e temas de amor de um poeta. Corais emotivos para os seus poemas, nereidas, napéias, ninféias, deidades, as musas são fontes causais de epopéias, tentantes tutoras de algumas idéias que deixam lembranças, que trazem saudades. As musas são entes de Deus, da Razão, é o verbo abundante que assiste o poeta, é a causa e origem onde ele coleta a verve dos versos e a inspiração. Se a musa lhe falta, o poeta se cala. Parece cabala, parece mandinga, que o verso se extinga se a musa se exalta, se a musa se esconde e não mais lhe responde nas invocações. Por mais emoções que sinta o poeta, ou quando o inquieta do amor a saudade, quem pode, quem há de versar o seu estro, se a musa, distante, do instante não fala?

Lembrai-vos, ó musas, que sois divindades e as vossas recusas serão veleidades dos céus que sois vós, muito além do infinito! E o céu é bonito, de estrelas bordado. Por isso é louvado no verso e na prosa. E o vate que o glosa, o céu abençoa pois Deus o perdoa de todo o pecado.

Lembrai-vos, ó musas, se calais a fala o silêncio propala silêncio ao redor. E o vosso sigilo é letal e acarreta a morte dos sonhos de amor do poeta, e o poeta, sem sonhos, começa a morrer. E é triste se ver um poeta morrente! É como se a gente, bem perto do ninho, visse um passarinho ferido de morte, buscando ser forte, pensando em viver, querendo cantar, tentando voar e deixando de ser da vida um rebento, findando o momento de ser passarinho!

A MORTE DE MEUS SONHOS

Sigo os meus sonhos e os assisto perto
das montanhas de nuvens de algodão,
enquanto eles rasteiam, rasam o chão,
rondando rua de endereço certo.

Em frente à casa, que era dela, alerto
aos meus sonhos quedarem-se ao portão.
Os novos donos eu não sei quem são,
nem sei se possa haver alguém desperto.

Os meus sonhos se calam. Do avião,
sinto que sofrem, ouço a solidão
do silêncio mortal que os consome.

— Senhor dos céus, ouvi-los me conceda,
escuta-lhes a queixa, mansa e queda!
Morrem meus sonhos a chamar seu nome.

Um poeta do tempo nas andanças, entre sonhos descridos e verdades, vive a vida latente das lembranças, morre a morte aparente das saudades.

LEMBRANÇAS E SAUDADES

Na rua adormecida, inda repleta
de flores nas janelas sem ninguém
os passos espaçados de um poeta,
rondam lembranças, procurando alguém.

Que vulto delirante ele projeta
nos espaços vazios? De onde vem
essa visão tardia e irrequieta
luzindo estrelas do horizonte além?

Um poeta do amor, a vida inteira,
pensando em ser presente a companheira
completamente envolto em dualidades,

na paisagem e detalhes de uma rua
recria auroras, sonha e continua
contrastando lembranças e saudades.

Procurei te encontrar em todo canto. O céu, a terra, o mar, procurei tanto, que estrelas Deus me deu o dom de tê-las como guias de luz, dando aos meus braços a força de voar, vencer espaços, ir mais além, além dos céus de estrelas!

ALÉM DOS CÉUS DE ESTRELAS

Além dos céus de estrelas busco espaços
que me libertem dessa angústia ingente
e, espantalho da noite, estendo os braços
buscando a cura ao que minh'alma sente.

Além dos céus de estrelas, traços baços
apontam ponto de luz resplandecente,
não sei se luz divina ou se são traços
dos destroços da angústia em minha mente.

Além dos céus de estrelas busco Deus
para o conforto dos tormentos meus
e às minhas dores tantas, que sofri.

E de repente, cala-me os sentidos
a voz suave, junto aos meus ouvidos:
"— Que procuras nos céus? Estou aqui!"

Da paisagem de mim és o contexto, onde o meu "eu" contempla que agasalhes. És a história mais linda que há no texto da minha vida em todos os detalhes.

A PAISAGEM E O DETALHE

Da paisagem, apenas, fui detalhe,
no horizonte um ponto inatingido,
na peça trabalhada fui entalhe,
fui pedaço no mármore esculpido.

Na travessia do barco fui encalhe,
fui aparte em discurso proferido,
entre avenidas fui, apenas, calhe,
fui casebre de um morro desvalido.

Fui a curva do espaço percorrido,
na oração fiquei subentendido,
fui devoção, fui reza e achincalhe.

Eu fui sede e você foi minha fonte,
fui miragem, você foi o horizonte
da paisagem onde, apenas, fui detalhe.

Você se vai, e fica o pensamento. Você me falta e falta-me o afeto. Você se ausenta e falta-me o momento. É só você voltar que eu me completo.

COMPLETAMENTO

Reconheço e me cubro de espanto.
Eu que amei tanto, tanto, pela vida,
na minha vida assim nunca amei tanto,
nem meu amor foi tanto, a tanta lida.

Agora mesmo, em mim, esse acalanto
que me deixa de alma enternecida.
Em poemas e em versos, que hoje canto,
você se fez paixão preconcebida.

Amei dos horizontes cada sonho,
e a tanto amor vivido hoje suponho
que os meus sonhos o tempo não devasta.

A minha história agora está completa.
Se o amor, amanhã, não mais me afeta,
amei você, e para mim já basta!

Você foi unidade, eu fui diverso. Você foi esperança, eu fui retarde. Você foi corajosa, eu fui covarde. Você faz oração, eu faço verso.

CONTRASTES

Um foi pecado, o outro foi pureza.
Um foi criança, o outro foi adulto.
Um foi sorriso, o outro foi tristeza.
Um foi clausura, o outro foi indulto.

Um foi singelo, o outro foi grandeza.
Um foi presente, o outro foi oculto.
Um foi fortuna, o outro foi pobreza.
Um foi sereno, o outro foi tumulto.

Um foi sofreguidão, o outro foi calma,
um foi só corpo, o outro foi só alma,
um foi loucura, o outro foi critério.

Um foi matéria, o outro foi miragem,
um foi temor, o outro foi coragem,
nós dois fomos amor, fomos mistério.

Eu queria ter sido eu e você, muito antes, agora e bem depois.
Ter sido eu, vivendo de nós dois. Mas fui somente eu. Fazer o quê?

DUALIDADE

Vivendo dualidade sofredora,
o pranto suplantando o meu sorriso,
escondo-me de mim, mas é preciso
que minh' alma não seja delatora.

A manhã me escurece, ameaçadora,
a tarde o sol me arrasta de improviso,
meu dia avia o fim, sem mais aviso,
pra ser noite silente e aterradora.

Divago em pensamento. Em meu olhar
visões vetustas, vindas de ultramar,
velam versos de amor e de saudade.

Abraço o sono, a calma a me chamar,
adormeço sonhando sendo mar
e desperto me vendo tempestade.

A vida inteira, desse amor superno, do eterno de nós dois a cada instante, serás amada, eu te serei amante, enquanto o instante perdurar eterno.

HAVEREI DE TE AMAR A VIDA INTEIRA

Haverei de te amar a vida inteira.
Mesmo unilateral o bem querer,
é forma diferente de se ter
sem nada se exigir da companheira.

Haverei de te amar a vida inteira
(não precisa aceitar, basta saber),
pois amor que faz bem, que dá prazer,
a gente vive de qualquer maneira.

Eu viverei de sonhos e utopias,
realizando as minhas fantasias,
tornando cada qual mais verdadeira.

Eu te farei presente em meus instantes.
Supondo que seremos sempre amantes,
haverei de te amar a vida inteira.

Em teu amor fortaleci a crença, e te amei chuva, noite, sol e vento, não faltou desse amor meu pensamento, mas deixou de existir tua presença.

NÃO ERA PENSAMENTO, ERA PRESENÇA

Pensei ouvir você. E a minha crença
fez-me senti-la e ouvir o que pensava.
E assim, se dentro em mim você estava,
não era pensamento, era presença.

Embora a minha mente me convença,
que com você contente conversava,
se a minha crença a minha mente usava,
não era pensamento, era presença.

De pensar em você eu fiz escrava
a minha mente que somente amava
e meditava eterna essa querença.

Se essa querença à minha mente ousava
ouvir, para entender o que falava,
não era pensamento, era presença.

No retrato sorris, mas eu diviso além desse sorriso que fingiste, o teu olhar vazio, vago e triste, talvez mais triste que esse teu sorriso.

O RETRATO

Entre as folhas de um livro, por ti posto,
encontro o teu retrato — a mocidade,
aos dezenove anos de idade,
suavizando as linhas de teu rosto.

Um arrosto de candura a custo imposto
no olhar, o esgar de sã felicidade
abrandecendo a infesta inanidade
do rosto da mulher de meu desgosto.

E um sorriso inocente de criança,
que o destino apagou, como a lembrança
de um amor que por ti me fez devoto.

Onde estás, o que fazes, nada sei
que lembre aquele amor que, se matei,
renasce no infinito dessa foto.

Nada temo da vida que me dê taças de fel, pois muitas já bebi. Para adoçar-me a boca eu aprendi: basta pensar no amor, lembrar você.

PENSANDO EM VOCÊ

Quando triste na vida a minh' alma se vê,
a sentir deste mundo furadas de espinho,
eu me tranco na noite em que sempre caminho
e dissipo as tristezas pensando em você.

Quando a mente cansada não tem mais o que
decantar num poema, que faço sozinho,
eu procuro refúgio em seu terno carinho
e declamo meus versos pensando em você.

Quando a morte vier carregar-me do mundo,
eu serei um alegre e feliz moribundo
e as pessoas amigas já sabem por quê.

Porque quando houver a presença sentida
da morte que vem carregar-me da vida,
vou fechando os meus olhos pensando em você.

A dor doída de encontrar-me a sós, ao falar para mim e a mim somente, é quando o vento imita a tua voz e, mesmo à sós, te faz estar presente.

RECRIANDO AURORAS

Chegaram sons distantes, renascidos
em tua voz de enlevo e de ternura,
como solfejo d'alma que murmura
a embriaguez de todos os sentidos.

A tua voz chegou aos meus ouvidos
como canção de amor, que se procura
ouvir dormindo, para tê-la pura,
imperturbada de quaisquer gemidos.

Que recados de amor ela me traz?
Por que me chega, agora, em meio à paz
de uma noite adormida, a tua voz?

Que ela me traga sugestões sonoras,
propondo paz e recriando auroras,
para serem vividas só por nós.

Nostálgicas lembranças de um poeta, desfeitas em sonetos feito prosas, lastimáveis, sofridas, virtuosas, assomando-se ao tempo que o completa. Se o amor e a paixão ele profeta, quando o amor e a paixão lhe são saudosas, nas mãos de um novo amor ele aquieta (as mãos do amor são sempre dadivosas!)

SONETO DA SAUDADE

É de novo você quem me procura
e é você quem me surge, como que,
entendendo de longe esta amargura,
sente a falta que sinto de você.

Você chega silente e ninguém vê,
e às minhas ânsias logo se mistura,
fixando-se em mim, feito ternura,
na hora em que preciso de você.

Você me foge, às vezes, e se esconde
no tempo em que a procuro não sei onde,
você desaparece, ninguém vê.

Mas, de repente, volta a ser presença
e vai entrando sem pedir licença
na hora em que preciso de você.

As flores na janela sem ninguém...

Não mais que a saudade de um sonho desfeito, vivendo no peito de um triste poeta que o sonho projeta para além do futuro, muito além do alto muro que escuda os albores, muito além do que alcança o clamor da procela, muito além da janela esquecida das flores. Muito além das ocultas verossimilhanças, muito além das lembranças ainda insepultas.

LEMBRANÇAS INSEPULTAS

Algumas das lembranças que deixaste
quase mortas, porém, ainda insepultas,
sem demonstrar do tempo algum desgaste,
nas fímbrias de meu peito estão ocultas.

Nessas lembranças tuas, não me indultas
do pecado de amar, porque me amaste,
nem me libertas de ti, se não facultas
que das tuas lembranças eu me afaste.

Aqui e ali indícios dão de vida,
abrindo as cicatrizes da ferida
que ficou de um amor sem mais desejos,

trazendo à minha boca, impressentidas,
o amargo de palavras proferidas
e a suave doçura de teus beijos.

Vou guardando lembranças de onde venho. Lembranças de uma rua, de uma flor, de um cinema, de um filme, de um amor, de tudo aquilo que saudade tenho. Guardá-las na lembrança faz sentido às exigências que a saudade faça de um amor, de uma rua, de uma praça, de flores na janela, de um vestido...

VESTIDO AZUL

Eram azuis meus sonhos de criança.
Azuis eram meus sonhos de rapaz.
Sonhar azul, adulto, fui capaz,
depois descoloriu minha esperança.

Descri do azul e, apenas por vingança,
sonhei com o verde e a sorte que ele traz.
Pensei no verde que encontrasse a paz,
mas a paz, mesmo adulto, não me alcança.

Comecei a descrer, então, do sonho.
O pesadelo em mim se fez medonho,
fez-me rever espaços, norte a sul.

E mesmo sendo para mim tardonho
eu sonho ainda, e cada novo sonho
vou colorindo num vestido azul.

Eu amo textural e integralmente. Sou entrega total do corpo inteiro. Por isso desse amor sou prisioneiro de alma e coração, de corpo e mente. Sou poeta do amor, do amor somente, e a ele sou sincero e verdadeiro, desde as graças gentis do amor primeiro ao delírio falaz do amor presente.

MAIS OU MENOS

Pode a gente estar perto, longe estando,
pode a gente calar, falando acenos,
e até mesmo brigar, sem ser falando,
por gestos condenáveis e obscenos.

Pode a gente chorar, mesmo cantando,
pode a gente sorrir prantos serenos,
pode até se morrer de vez em quando,
em sonhos cabalísticos, terrenos.

Pode a gente seguir, parado estando,
pode a gente voar, sem ser voando,
por espaços imensos ou pequenos.

Pode a gente odiar, mesmo gostando,
pode até se gostar, mesmo odiando,
amar é que não pode "mais ou menos".

O coração de um poeta é como teia abstrata. E quando de amor se trata, é do abstrato um esteta. Do objeto do desejo a que está preso e depende, ele se dista e transcende nas cores e nos almejos. Mas se colore de tons além da realidade, surgem dúvidas, senões, recordações e saudade. E a saudade nele injeta um vírus que apaga cores. E vai morrendo de amores o coração do poeta.

CADÊ AS MINHAS CORES?

Cadê o azul, com que eu pintava sonhos?
E o verde da esperança no meu peito?
E o vermelho das rosas? E o que é feito
do amarelo dos cravos mais bisonhos?

Cadê a cor dos musgos, tão tristonhos!
o lilás das orquídeas, sem defeito?
o tricolor vivaz do amor-perfeito?
e o cinza de meus sonhos mais medonhos?

Entre as flores, da vida em meu jardim,
cadê as cores alvas do jasmim?
o lírio-branco, a flor mais preferida?

E o jacinto, da cor das minhas dores?
E, cadê, afinal, as outras flores
das cores do painel da minha vida?

Quantas vezes o amor perdi no jogo, nesse jogo que a gente chama vida! Quantas vezes no jogo, de partida, por um amor qualquer fiquei a rogo! Uma só vez no jogo eu arrisquei meu presente e futuro, e o meu passado. Mas ela não valia o lance dado. Pus as cartas na mesa e passei.

O JOGO

Por seu amor eu sempre estive em jogo.
Parceiros tantos, tenho na disputa!
As fichas sobre a mesa, a mente arguta,
assisto, atento, cada intento e rogo.

Não existe intervalo ou desafogo.
Esse jogo é seqüente, intensa a luta.
Renovam-se os parceiros na permuta
enquanto o jogo vai pegando fogo.

De vez em quando o crupiê arrasta
na mesa o rodo e de seu jogo afasta
um novo lance meu, de ficha escasso.

Saio do jogo. A perda já me assusta.
Não vale o corpo seu quanto me custa.
Recolho as fichas. Crupiê, eu passo!

O amor é parte maior dos espaços da procura. É o querer da criatura por uma vida melhor. Quando chega a acontecer, quando a vida se completa na vida a dois de um poeta, ele começa a sofrer com as lembranças do passado, com o presente transmudado, vendo a vida envelhecer.

NOSSA VIDA

Nossa vida é de espera, espera apenas.
Espera pelo sonho mal nascente,
espera pelo amor que anima a gente,
espera pelas coisas mais pequenas.

Espera pela vida em novas cenas.
Espera pelos brotos da semente.
Espera pelo sol, que os leve em frente.
Espera pelas horas mais amenas.

Espera pelo amigo que não veio.
Espera pelas cartas do correio.
Espera pela espera, simplesmente.

Espera de notícias, com receio,
espera pelo último passeio,
espera pelo fim, que espera a gente.

Atemporal, desavisando as horas, o amor transcende todos os limites. Não aceita presságios nem palpites, vence as desculpas e desdenha os foras. Não conta o tempo. Vive-o, na verdade. Num só momento dá uma volta ao mundo. Pode viver o eterno num segundo ou fazer de um segundo a eternidade.

A ETERNIDADE DO INSTANTE

Mais que um registro simples de lembrança,
foi uma absorção de sentimento.
Flagrante transportado de um momento,
o enverdecer das asas da esperança.

Não foi só um retrato de criança.
Foi bem mais, foi visão do nascimento
do instante, que ficou no pensamento,
sonhando eterno o tempo de bonança.

Que momento foi esse que ficou?
Se não foi a lembrança que o guardou,
o seu mistério agora descobri.

Foi do tempo um diviso de emoção,
que deixou marcas no meu coração:
o eterno instante em que te conheci.

"Aurora, Aurora, ó rainha das deusas, que com teu passo lento e encantador, vem acalmar-nos todas as tristezas...". Versos dançados pelo Imperador, cantando o amor logo depois da vírgula, a mente atormentada de Calígula, vivendo a paz da vírgula no amor. Pois o amor é uma concha de corais repercutindo a vida dos momentos, acentuando a força dos acentos, subordinando o amante aos seus sinais.

DEPOIS DA VÍRGULA

Da vírgula depois, tudo é cabível
no texto em que se quer compor a fala.
Interrompe, separa e intercala,
e a fala fica mais inteligível.

A vírgula, no amor, só é possível
quando o ponto final não se propala
no amor que fala e, simplesmente, cala
para falar melhor, ser mais audível.

Da vírgula depois, quaisquer pendências
de sinais: aspas, hifens, reticências,
podem levar o amor à exclamação.

Refém de meus pecados e inocências,
nas rusgas, nos silêncios, nas ausências,
fico a temer uma interrogação.

Quando o amor sinalar exclamação, ou for sentido apenas irrogante, ou for ausência tua a todo instante, ou se não te ligar, não liga não! Quando amor desligar-se da paixão, e for silêncio ou falta, e for distante, e já não seja um verso que se cante, não cansa o verso teu, não liga não!

NÃO LIGA, NÃO!

Não liga não! a vida é mesmo assim.
Há tempo de chegar, de ir embora,
há tempo de sorrir, para quem chora,
tempo de ser começo e de ser fim.

Planta rosas vermelhas no jardim
e esquece o preto-e-branco que há lá fora.
Aquece o coração, cantando, agora,
um soneto, ao amor dizendo "sim"!

Não liga não! A vida tem seu preço:
a cada novo fim, novo começo.
Recomeça a viver o amor, então!

Se voltar a vivê-lo não tem jeito
renasce o amor antigo no teu peito,
E se ela não voltar, não liga não!

Ama o amor como se fossem flores, as mais gentis das flores que já viste. E assim, jamais, no amor estarás triste, se cultivares bem os teus amores. Planta rosa, gardênia, margarida, planta orquídea, begônia, bogarim, pois se um amor qualquer chegar ao fim, há um jardim de amor em tua vida.

CUIDA DO TEU JARDIM!

Cuida de teu jardim! Vê que bonito!
não há erva daninha nem espinho.
Há flores róseas, louras, cor de vinho,
as colores mais lindas do infinito!

Alimenta tua paz. Deixa o conflito
àquele que na vida está sozinho.
O amor está contigo, em teu caminho,
e o amante do amor sempre é bendito.

Cuida de teu jardim, que ele floresça
cada flor em botão, que se pareça
do Éden, dos jardins o mais perfeito.

Enquanto deles cuidas, ao teu lado
há uma sombra. Sou eu que, com cuidado,
vou te guardando flor dentro do peito.

Amor, amor, amor, que mais te diga um poeta de sonhos e quimeras, após procuras tantas, nas esperas, após cada silêncio e cada briga? Amor, amor, amor, como explicar que és fonte de paixão nos mais diversos encontros que te apronto nos meus versos, quando vens por querer, para ficar?

SE FOR PARA FICAR

Se for para ficar, ficar somente,
é melhor não seguir, parar agora.
Pensando bem, sem ter que dar o fora,
ficar de fora é bem melhor à gente.

Ficar, só por ficar, é incoerente
pois o amor continua vida afora.
E se um ficar e o outro for embora
para ficar com outro, de repente?

Se for para ficar definitivo,
eu não vejo razão, não há motivo
para ficarmos nessa indecisão.

De um poeta o que seria se não houvesse recusas. Que sonhos trariam as musas, sem pranto e sem alegria? De um poeta o que seria sem os sons das anacrusas, sem os decotes das blusas, sem ninfa que lhe sorria? De um poeta o que seria, sem as confissões confusas, sem as sílfides difusas, sem os noturnos do dia? De um poeta trovador, o que seria do beijo, do abraço de algum desejo, se não existisse o amor?

QUE SERIA?

Que seria da chuva sem o lago,
sem rios que deságüem seu empeço?
Que seria do certo sem o avesso,
ou do cigarro, não houvesse o trago?

Que seria da vida sem afago,
sem um beijo fortuito, sem tropeço,
sem o final que apronte o recomeço,
sem um começo, mesmo sendo vago?

Que seria dos vates doudejantes
não fosse a voz das musas pervagantes
matizando os colores de seus mundos?

Que seria do amor, se em seus instantes
estimular não conseguisse amantes
aos abraços e beijos dos segundos?

Sonha maior, como o poeta sonha, sem receios, sem medos e sem pejos, sonha maior e busca os teus desejos, mesmo que a forma seja-te bisonha! Sonha o teu sonho sem tremer temores, cala os ouvidos aos carpidos vãos, transporta junto a ti, leva nas mãos a carícia de todos os amores.

Afasta-te do fero da peçonha, que nas sombras, oculta e em segredo, traz a quem sonha o indecifrável medo de ser ou não amor o que se sonha!

ESSE SONHO MEU!

Ah! Esse sonho meu, rondando brisas
pelas sendas da noite em que sozinho
procuro achar em mim novo caminho
do teatro da vida dentre as frisas.

Sonhos dos sonhos meus, de formas grisas,
sangrando dores, encorpando vinho,
que se esconde de mim e o adivinho
de amores não vividos nas esquivas.

Fluida forma, intermitente e fútil,
concebê-la veraz parece inútil,
quando surge e se esconde de repente.

Ah, esse sonho meu, que a noite solta
e, sobranceiramente, ei-lo de volta
de forma fluida, fútil e intermitente!

Entrega-te ao teu sonho como fosse presságio de verdade verdadeira, imorredouro pela vida inteira, calado, casto, lindo, leve e doce.

Que te seja comum cada sentido. Concedam-te a audição, o gosto, o olfato, prenúncios da visão, núncios do tato, a cada amor que nunca tenhas tido. Ousa maior, atreve-te, repousa esse desejo teu na crença infinda de que bem podes mais, e, mais ainda, ousar no amor. E, amadamente, ousa!

COMUNÍSSIMA OUSADIA

Comuníssimo seja que eu devote
o meu amor às flores, quando as vejo.
Comuníssimo seja o meu cortejo
a quantas flores perfumadas note.

É comum, comuníssimo, que adote,
em meio às flores, ares de festejo.
Comum também pareça o meu desejo
em ser amor a cada flor que brote.

Chego a escutá-las: "Ouse!" E mais ousado,
por mais flores que em vida hei amado,
o meu olhar em nova flor repouso.

Comuníssimo olhar admirado
de um poeta que às flores tem contato
sobre um amor ousado, que não ouso.

Este livro foi impresso nas oficinas da
DISTRIBUIDORA RECORD DE SERVIÇOS DE IMPRENSA S.A.
Rua Argentina, 171 – Rio de Janeiro, RJ
para a
EDITORA JOSÉ OLYMPIO LTDA.
em agosto de 2007

*

75º aniversário desta Casa de livros, fundada em 29.11.1931